열일곱의
편지

열일곱의 편지

발행	2025년 04월 10일
저자	황서현
펴낸이	한건희
펴낸곳	주식회사 부크크
출판사등록	2014.07.15.(제2014-16호)
주소	서울특별시 금천구 가산디지털1로 119 SK트윈타워 A동 305호
전화	1670-8316
이메일	info@bookk.co.kr
ISBN	979-11-419-2736-3

www.bookk.co.kr
ⓒ 황서현, 2025
본 책은 저작자의 지적 재산으로서 무단 전재와 복제를 금합니다.

열일곱의 편지

황서현 지음

CONTENT

머리말 10

| 제1장 | 좋아하는 이에게 11 |

핑곗거리
이유
너라서
포기
내면의 갈등
중력
열일곱
발전
좋아하는 이에게
미움
거짓말
불안
걱정
고마움
이해
감정 소모
감정의 파도
내 사랑은

구원
외사랑
과일 한 컵
당신
애정
학생
해피엔딩
도피처
잠 못 드는 밤
참 좋아서, 너무 좋아서 아파
너
내가 나라서
그대여

제2장 　　　　좋아했던 이들에게　43
———————————————————

첫사랑
봄
안부를 묻는 마음
당신의 하루는
꿈
기억
이상형
처음

노란 편지
평생
미련의 그림자
이별
산책
영원
가끔
너무 쉬웠던 탓
염탐
증오
원망
그래도
착각
잃어버린 기억
7월
겨울
사랑1
그리움
그 해 겨울

제3장　　　　모든 이들에게　71

메마른 감정
기다리다

영원을 믿어
새벽 바다
새벽
소나기
마음의 크기
메모
첫사랑의 설렘
목도리
매혹의 향기
쪽지
꽃 한 송이
너울
도망가자
흔한 말
마침표
괜찮아
소나무
사랑의 회복
밤바다
마음
과정
애증
슬픔의 무게
현실
사랑2
믿음
학창 시절

편지
성장
짝사랑
여름의 끝자락
청춘
이별을 선택한 이유
경계선
잘 지내
안녕
사탕
자연
계절의 변화
파란 하늘

떠나간 이에게 114

가슴이 미어지는 이유
감정, 기억, 추억, 당신
알지만 묻는 이유
이별 앞에서
언젠가 만나게 될 거야

작가의 말 122

머리말

안녕하세요 <열일곱의 편지> 저자 황서현입니다. 이 책을 쓰게 된 계기이자, 제가 존경하는 선생님께서 저에게 이렇게 말씀해 주셨습니다 "너는 감정의 폭이 넓은 거야. 서현이는 다양한 감정을 갖고 있는 거야" 이 말을 듣고 더 이상 원망만 하지 말고 조절을 위해 노력해야겠다고 생각했습니다. 그리고 제가 갖고 있는 다양한 감정을 시로 표현했습니다.

제 첫 시집이자, 서툰 책을 이렇게나 많은 관심을 받게 될 줄 몰랐습니다. 여러분들의 많은 사랑 덕분에 리커버까지 나오게 될 수 있었습니다. 다시 한 번 감사드리며, 비록 부족한 시집일지라도 예쁘게 봐주시면 감사하겠습니다.

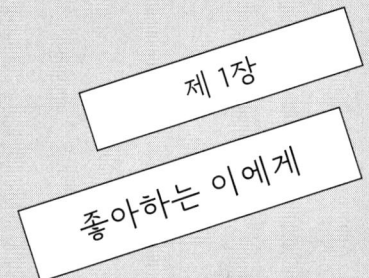

제 1장

좋아하는 이에게

핑곗거리

너와 있고 싶어서
나는 여러 핑곗거리를 만들었고,
그런 너는 나와 곧잘 만나 주었다
거기까지였다

너는 만날 때마다 닳고 닳았고,
너는 끝내 닳아 없어졌다
마치 이게 우리의 거리인 듯

이유

누군가 내게 묻는다. 그 사람을 왜 좋아하냐고.
그럼 나는 잠시 생각하다가 '풉' 웃는다.
그 사람이 떠올라서. 생각만 해도 웃게 만드는 사람.
이것이 내가 그 사람을 좋아할 수밖에 없는 이유.

너라서

좋아하는데 이유가 있다면
네가 너무 아름답기 때문일까
네가 너무 예쁘기 때문일까
네가 너무 빛나기 때문일까
네가 그냥 너이기 때문일까

몇 번을 생각해 봐도 말이야,
그냥 너라서, 단지 너라서
너를 좋아해

포기

난 안 되겠지
우리는 안 되겠지
있잖아, 노력해도 안 되는 거야?
알지만, 포기가 안 돼

너에게 조금만 더 매달릴게
너를 조금만 더 바라볼게

내면의 갈등

내면에서 원한다 너를
안 되는 걸 알면서도

끝내 내면끼리 싸움이 났다
안 되는 걸 알면서 너를 원하는 내면끼리

나는 말리지 못해, 연아
이 싸움의 결론은 결국 너일 테니

중력

중력이 날 끌어당긴다
네가 날 끌어당긴다
너는 중력일까
네가 중력이라면
중력의 크기는 너무 무겁지 않은가

열일곱

감정 기복이 심한 나에게,
그런 나를 싫어하는 나에게,
넌 열일곱이라고
괜찮다고
내년 되면 좀 더 좋아질 거고
내후년 되면 좀 더 좋아질 거라고
말해 준 그 사람이 너무 고마워서

발전

내가 지금 엉망이라 하더라도
작년보다는 나아진 나라서
작년보다는 괜찮아진 나라서
나는 그걸 발전이라 부르기로 했다

좋아하는 이에게

좋아한다는 말로는 부족한 이에게.
내가 당신을 좋아하는 마음을 알고 있나요?
당신이 알고 있는 마음의 크기는 잘 모르지만,
아마도 당신이 상상할 수 없을 만큼 좋아한다고.
아직도 당신을 향한 마음은 무한히 커지고 있다고.
그럼 내가 당신을 향한 마음의 크기는 우주일까요?

어쨌든 저는 당신을 좋아합니다. 알고 있나요?

미움

미움받는 것이 무서웠다. 두려웠다.
미워하는 것과 불편한 것은 다른가?
미워하는 것과 부담스러운 것은 다른가?
미워하는 것과 좋아하지 않는 것은 다른가?

다르지 않다면 당신은 나를 미워하나요?
다르다면 당신은 정말 나를 미워하지 않나요?

거짓말

거짓말을 해서라도 지키고 싶었다
진실을 알게 된 너는 도망갈 것임을 알기에

들키지만 않으면 된다고 생각했다
숨기기만 하면 된다고 생각했다
그랬기에 거짓말까지 했다

진실을 알게 된 너의 첫마디는
"난 널 미워하지 않아"
너는 그렇게 세 번을 말했다

그런 너를 좋아할 수밖에

불안

과거의 기억 때문일까
현재의 버거움 때문일까
미래의 두려움 때문일까
내 속의 불안이 너에게 보여,
너에게 나는 불안정한 사람이라고 기억될까

걱정

너는 내가 걱정된다고 말하였다
내가 너무 힘들어 보여서
내가 너무 불안정해 보여서
너는 날 걱정한다 했지만
나는 나를 걱정하는 널 걱정했다
나도 너를 많이 걱정했다

고마움

너에게 고맙다는 말을 건네려다
그동안 쌓아둔 마음이 넘쳐흘러
고맙다 한마디로는 부족할 것 같았어

햇살처럼 따스했던 순간들
비 오는 날 우산이 되어 준 마음
아무 말 없이 곁을 지켜 준 시간들

너는 네가 준 것들을 기억하지 못할지도 몰라
하지만 나는 오래도록 잊지 않을 거야

고마움이란 말로는 다 담을 수 없지만
오늘도 나는 너에게
고맙다고, 정말 고맙다고 말하고 싶어

이해

너에게 비밀을 털어놓은 나는
너에게 숨김없이 보여준 나는

너에게 도움을 바란 걸까
너에게 동정을 바란 걸까

사실은 나조차 이해하지 못하는
나를 이해해 주길 바란 것 같아

너는 날 이해할 수 있어?
너는 날 어디까지 이해할 수 있을까
내 마음까지도 이해할 수 있을까

감정 소모

파도처럼 밀려오는 감정들
끝없이 부딪히는 생각의 조각들
끝이 보이지 않는 감정의 바다에서
나는 헤엄친다

나의 소용돌이 속에 들어온
커다란 빛, 너

너에게 옮겨 버린 감정의 파도
너의 감정 소모에 너무나 미안하다고

감정의 파도

고요한 바다는 느릿한 파도가 일렁인다
감정은 그 위를 떠도는 작은 배
지친 마음을 안고 흔들린다

바람은 숨을 고르고, 파도는 다시 일렁인다
고요함 속에 피어오르는

잠시의 평온
잠시의 쉼표

파도는 잠잠해지고, 배는 천천히,
그러나 확실하게 다시 항해를 시작한다

내 사랑은

내 사랑은 폭풍을 만난 파도 같아서
내 사랑은 바람을 이기지 못한 파도 같아서
내 사랑은 너무나 소란스럽다
내 사랑은 언제쯤 잠잠해질까

구원

네가 날 구원했다
어둠 속에서 길을 잃고
방황하던 내 손을 잡고
너는 무작정 뛰었다

나도 너를 따라 뛰었고
네가 가져온 불빛은
나를 데웠다

어둠 속에서 지친
나를 어루만져주고
절망의 끝자락에서
나를 일으켜 세웠다

그러니 너는 내게 구원이다

외사랑

너를 바라보는 일이 내 하루의 전부였어
너는 모를 테지만
내 눈빛은 언제나 너에게 닿아 있었어

멀리서 네가 웃으면 나도 따라 웃고
네가 힘들어 보이면
말 한마디 못 하면서도 마음이 무너졌어

사랑한다는 말을 끝내 삼켜야 했고
네 곁에서라도 머물고 싶었지만
너는 한 번도 나를 찾지 않았지

그래도 괜찮아
너를 사랑한 건 오로지 내 몫이었으니까
그렇게라도 너를 사랑할 수 있어서
나는 행복했으니까

과일 한 컵

복숭아 같은 부드러운 볼
체리 같은 동그란 눈
앵두 같은 붉은 입술
라임 같은 상큼한 미소

이 모든 게 너라는 이름 하나로
내게 다가온다

과일에 취한 건지
너에게 취한 건지

알 수 없는 이 감정에
슬며시 눈을 감았을 땐

과일 한 컵을 다 마신 듯한
달콤하고 씁쓸한 여운이 남았다

당신

어둠 속에서 길을 밝혀,
길을 잃지 않도록
한 걸음, 한 걸음,
당신의 발자취를 따라가며
나는 나를 찾았고
희망의 길을 열어준 당신이 너무 고맙다고

애정

말로 설명할 수 없는 깊이
애정은 시간이 지나도
언제까지나 변치 않는 마음

학생

제약이 많은 학생인 만큼
학생인 걸 싫어했던 적이 있다

그 제약은 곧 나를 지키는 방패가 되었고
내가 학생이기에 네가 날 포기할 수 없었고
내가 학생이기에 네가 날 증오할 수 없었던
그 미성숙한 내가
학생이란 걸 다행히 여길 수 있었다

해피엔딩

지난 사람에,
지난 사랑에,
아팠던 나는 지레 겁먹기 바빴지만
그런 나에게 넌 최선을 다했기에
이번에는 해피엔딩이길

도피처

누군가 내게 네가 나의 완벽한 도피처라고 말했다. 부정할 수 없었다. 그래, 맞는 것 같다. 현실이 너무 버거웠던 나에게 따스한 너는 너무나 완벽했고, 너를 닮고 싶다는 마음은 곧 도피처를 만들었다.

그러니 너는 나의 완벽한 도피처

잠 못 드는 밤

네 생각에 잠시 뒤척거리다,
끊임없이 너를 떠올리고
오늘도 어김없이 서툴렀던 나를 생각하며
바람에 실려 오는 먼 기억의 조각들에 고통받는다
그러곤 밤하늘을 볼 때면
밤하늘의 별이 속삭이는 고요한 비밀을 듣곤
이내 잠을 청한다

참 좋아서, 너무 좋아서 아파

너는 날 사랑해?
나는 널 사랑하는데

참 좋아서, 너무 좋아서 아픈가 봐
매일 너와 나의 마음이 같은지
확인하지 않으면 잠이 안 오지 않아
네가 너무 좋아서 내 속은 망가져 가

너2

사실 너를 좋아하는 것을 들킬 때면,
아무도 날 이해해 주지 않았는데
그런 사람들에게 해 주고 싶은 말이 있다.
그 사람은 내 힘듦을 처음으로 이해해 준 사람이고,
내 잘못된 행동을 올바르게 고쳐주는 사람이라고.
이런 그 사람을 좋아하지 않을 수 없겠지.

내가 나라서

빛을 내는 태양인 너
그런 태양을 짓밟는 그림자
그게 나라서
내가 나라서
너를 좋아하는 게 나라서
미안해 그치만,
내가 좋아하는 게 너라서
다행이야

그대여

날 미워하지 않는다 했던 그대여,
아직도 그 마음은 변하지 않았나요
혹은,
날 미워하나요
도망치고 싶으신가요
포기하고 싶으신가요

이런 나에게 실망하셨나요

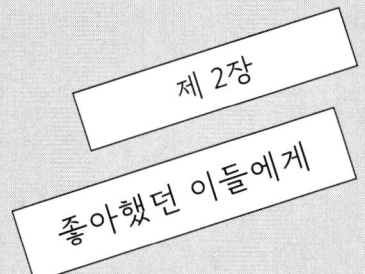

제 2장

좋아했던 이들에게

첫사랑

좋아하는 법을 알지 못했고
미워하는 법을 알지 못했던
그러니 무척이나 아팠던
지난 271일
첫사랑의 시간

봄

좋아한다는 말로는 형용할 수 없어서 끝내 삼켜버린 순간들이 봄보다 냉기가 돌아서일까 아니면 끝내 삼키지 못해 진심을 쏟아냈던 순간들이 독이 된 탓일까
나에게는 봄이 오지 않았다.

안부를 묻는 마음

지난 날의 너를 떠올리다
문득, 너의 안부가 궁금해졌다

연락을 할까 말까
안부를 물을까 말까

셀 수 없이 많이 고민 했다

결국 나는 네게 안부를 물었고
답이 오지 않을 줄 알았던
휴대폰에서 알람이 들렸다

'잘 지내고 있어
너도 잘 지내'

안부를 묻는 내 마음이
무색해지지 않도록
답장해준 너에게
또 한번 설레며 폰을 닫는다

당신의 하루는

당신의 하루는 안녕하십니까

저는 오늘도 견디기 힘든 나날을
차가운 바람 속에서 비를 맞으며,
우연히 당신을 만나길 바라며,
저의 하루는 곧 당신이었습니다

꿈

너와 함께하는 꿈을 꿨다
꿈속에서 넌
날 보며 환하게 웃고 있었고
나는 그런 널 보며 웃고 있었다
단번에 꿈인 것을 알 수 있었다

너와 함께일 리 없잖아
네가 날 보며 웃을 리 없잖아
내가 널 보며 웃고 있을 순 있겠다
그래도 꿈일 뿐이다

기억

그 기억은 추억일까
아픈 기억도 추억이 될 수 있을까
슬픈 기억도 추억이 될 수 있을까
그럼 너와의 기억도 추억이 될 수 있을까

몇 번을 고민해 봤지만 말이야
너와의 기억은 모두 추억이더라

아픈 순간도, 슬픈 순간도
모두 너와 함께였기에

이상형

이상형이 뭐예요? 그 흔하고 쉬운 질문에 고민이 많아졌다. 제 이상형은 미소가 예쁘고, 머리 묶는 게 예쁘고…, 더 이상 말할 수 없었다. 말하기 힘들었다. 내가 너를 얘기하고 있었기에.

너를 만난 순간부터 내 이상형은 줄곧 너였다

처음

누구에게나 처음은 있다
누구에게나 처음은 서툴러서
내 첫사랑은 너무 서툴렀다

나에게도, 너에게도 아픈 기억이
처음이기 때문에
서툴렀기 때문에
그런 것이라면

내 두 번째 사랑은 어떻게 될까

노란 편지

책상 위 노란 편지 하나
보지도 않고 너인 걸 알 수 있었다
편지를 봤을 땐 주저앉아 울었다

미소가 예쁜 너였는데 그런 네가
내가 웃을 때,
초롱한 눈으로 널 볼 때,
힘이 났다니

나를 미워하는 줄만 알았던 네가
내 안녕을 바란다니
나를 응원한다니

내가 그토록 바라던 일 아닌가

평생

16살에 좋아한 상대가
평생 영향을 미친다는데
맞는 듯하다
나는 아직도 널 잊지 못했으니

미련의 그림자

아직도 남아있는 미련의 그림자
잊힐 수 없는,
지울 수 없는,
미련의 흔적이 내 마음을 감싼다

미련의 그림자 속에서
나는 당신의 흔적을 찾으며,
지나간 날들의 감정을 다시 한 번 꺼내 본다

이별

마지막 인사조차 남기지 못한 채
떠나버린 너
흐릿한 기억 속에 남아있는 지난 날들

이제는 먼 길을 가야 할 시간
낯설기만 한 너 없는 길
언젠가 다시 만날 그날을 기다리며

산책

나는 산책을 좋아합니다
산책을 알려준 그 사람이 좋아서

나는 산책을 좋아합니다
산책이 날 그 사람 곁으로 인도해서

나는 산책을 좋아합니다
이젠 내 곁에 없는 당신을 기억할 수 있어서

영원

영원이란 게 있을까 물을 때면
너와 나를 떠올리곤 했는데
영원은 없나보다
우리의 영원이 없던 것처럼

가끔

가끔 네 생각을 해
너와 걷던 길을 혼자 걸을 때
너와 듣던 노래를 혼자 들을 때

자주 너와 걷던 길을 걸어
자주 너와 듣던 노랠 들어
너를 계속 생각하기 위해서

너무 쉬웠던 탓

네가 오라면 오고
네가 가라면 갔던
나였고

다시 와달라는 너의 말에
달려가던 나였는데
그 끝은 가야만 하는 것이었다

그때 왜 날 버렸어?
모든 걸 네게 맞춘 날
왜 그렇게 쉽게 버렸어?

염탐

우연히 들은 네 소식에
또 다시 네가 궁금해진다

이미 다 알고 있다고 생각했는데,
내가 모르는 너의 모습이 궁금하다

괜스레 폰만 만지작거리다,
호기심을 참지 못하고
결국 네 소식을 염탐한다

증오

뜨거운 증오의 불꽃
마음 속 깊이 타오르고
상처 주고받은 날들 속에
불길은 더욱 거세진다

하지만 그 끝엔 허무함
이젠 그 불을 꺼야 할 때

나를 위해, 너를 위해

원망

응, 난 널 원망해

우리를 위해 달리던 날
벼랑 끝으로 몰아 버린
널 많이 원망해

내 전부가 되어 놓고
사라져서 날 비참하게 만든
널 많이 원망해

온 힘을 다해 사랑했던 시절을
무색하게 만든
널 많이 원망해

그래도

너를 조금 더 늦게 만났더라면
너를 조금 더 성장한 뒤 만났더라면
너를 조금 더 성숙할 때 만났더라면

우리의 끝은 덜 아팠을 텐데
우리의 끝은 없었을 텐데

너무 빨리 만나서
너무 빨리 헤어지게 된 우리지만

그래도 잘 지냈으면 좋겠다

착각

착각이라고 믿고 싶은 건
내가 너와 웃었던 시간
그 시간 속에서 울었던 나

착각이라고 믿고 싶은 건
진심이라고 외쳤던 마음
그 마음 속에 갇혀 있는 나

착각이라고 믿고 싶은 건
너를 그리워하는 지금
지금 널 증오하는 나

착각이라고 믿고 싶은 건
너를 향한 내 감정
그 감정 속에 파묻힌 나

잃어버린 기억

익숙함에 속아, 소중함을 잃어버린 우리는
행동 하나하나가 조심스러웠던,
함께만 있으면 뭐든 좋았던,
서로가 더할 나위 없이 좋았던,
그런 잃어버린 기억을 찾아가는 중이다.

7월

뜨거운 햇살이 가득한 7월
내가 끔찍이도 싫어하는 7월

길게 펼쳐진 여름의 초록
나에게는 황량한 사막

언제까지나 여름의 한 조각은
당신이 망쳐, 끔찍하게 기억되리

겨울

나는 너에게 많은 정을 주었고,
네가 나에게 많은 정을 주길 바랐다

나는 너에게 많은 사랑을 주었고
네가 나에게 많은 사랑을 주길 바랐다

그런 나에게 지친 너는
그 해 겨울 나를 떠났다
무척이나 시린 겨울이었다

사랑1

이건 사랑이 아닐 거야
너 나 사랑하는 거 아닐 거야
나 너 사랑하는 거 아닐 거야
우리가 하는 건 사랑 아닐 거야

근데 왜 아플까
아, 우리가 했던 건 사랑이었나 보다

그리움

한때의 기억으로 평생을 살아가는,
그런 사람이 있다고 들었다

그 기억은 추억일까
그 기억은 아픔일까

아무래도 나에게 그 기억은
그리움인 듯해

그 해 겨울

매일 운동장에 모여 수다 떨던
추운지도 몰랐던
그 해 겨울

친구들과의 웃음
별빛 아래 속삭이는 비밀
그 해 겨울

그 해 겨울은
매 순간이 소중한 기억으로 남아,
가장 값진 추억으로 남았다

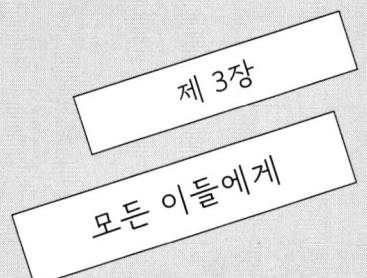

제 3장

모든 이들에게

메마른 감정

내 감정은 메말랐다
저기 저,
가뭄 위의 꽃보다 더

내 감정은 메말랐다
저기 저,
사막 끝보다 더

메마른 내 감정은 다른 곳에서
가랑비처럼 내리고 있었다

그 가랑비를 시작으로 메말라 있던
모든 것이 젖기 시작했다

가랑비 하나에 이토록 젖을 수 있던 것을
그저 멀리서 지켜만 보고 있었느냐

기다리다

아프면 온다는 말에 기다리고
좋은 일 생기면 온다는 말에 기다리고
슬픈 일 생기면 온다는 말에 기다리고
너를 기다리다 뜬눈으로 밤을 지새운 지 몇 날
여전히 너를 기다리다

영원을 믿어

영원을 믿냐는 물음에
나는 늘 믿지 않는다고 말했어
너를 만나기 전까진

그러나 이제 나도 영원을 믿어
너를 만났기에,
너를 사랑했기에,
나는 영원을 믿어

우린,
영원이 되는 사랑을 한 거야

새벽 바다

왜 이리 고독할까요
왜 이리 쓸쓸할까요
왜 이리 외로울까요
왜 이리 차가울까요

홀로 새벽 바다를 느꼈습니다
홀로 일렁이는 바다를 보았습니다

이 바다는 내 마음을 알고 있을까요
새벽 속에 묻힌 나를 보았습니다

새벽

별들은 천천히 숨을 고르고
하늘은 서서히 푸르게 물든다
밤의 마지막 숨결이 고요하게 사라진다
조용히 새로운 하루를 맞이하는 순간
새벽이다

소나기

한순간에 쏟아져 내리는 마음처럼
너는 나에게 왔다가 떠났다

우산도 없이 서 있던 나는
온몸으로 너를 맞이했고
젖은 채로 한참을 서 있었다

비가 지나간 자리에는
지워지지 않는 물 자국이 남고
마음 한편에 너의 계절이 머물렀다

짧았지만 선명했던 그 순간,
너는 내게 소나기였다

마음의 크기

사랑의 크기가 모두 같았더라면
너와 나의 거리가 같았더라면
우리의 마음의 크기가 같았더라면
내가 밤을 설칠 리는 없었을 텐데

메모

메모장을 펼치고
만년필을 들었다
네 이름을 적었다
사랑을 적었다
지워지지 않길

첫사랑의 설렘

조금이라도 더 예뻐 보이려
새 옷을 입고 데이트를 한다
손끝만 닿아도 발그레
부끄러워지는
첫사랑의 설렘

첫사랑의 설렘을 마음껏 느끼다,
집에 돌아오면
다시금 너의 생각에
부끄러워지는
그런 첫사랑의 설렘

목도리

빨간색이 잘 어울린다며 네가 사준 목도리는
내 눈물받이가 되었고

역시 나는 빨간색이 안 어울려
너와 어울리지 못한 것처럼

매혹의 향기

달콤한 매혹의 향기
매혹은 은은한 꽃향기처럼
어떤 이에게는 아련하게
어떤 이에게는 강렬하게
영원한 기억으로 하루하루를 물들인다

쪽지

후덥지근한 여름
시끌벅적 아이들 사이로
날아오는 작은 쪽지 하나

그 뒤엔 수줍어하는 아이가
눈을 마주치며 씩 웃어주고

쪽지를 확인한 아이의 귀는
마치 여름의 토마토로 물들인 듯
새빨간 색으로 변했다

그들에게 여름은 토마토로 기억될까

꽃 한 송이

꽃 한 송이가 혼자 피어났다
아무것도 없는 황량한 토지에

그 꽃이 한 송이일지라도
무척이나 빛나던 꽃이기에
그 황량한 토지마저 빛냈다

가끔은 아무것도 없는 토지에서
큰 외로움을 느끼기도 했고

텅 빈 토지에서 혼자 남아
홀로 공허함을 느끼기도 했다

그러나 남들이 보기엔 그저 빛날 뿐
아무도 꽃의 슬픔을 알아주지 않았다

너울

일렁이는 윤슬을 뽐내며
바다에 너울이 진다
너울은 바다의 크고 사나운 물결

뭐가 그리 무서웠냐고
뭐가 그리 힘들었냐고
누군가 물어봐 주길 원하는
너울

침묵의 습격자라는 꼬리표 달고
바다에 너울이 진다
너울은 바다의 크고 사나운 물결

이제는 괜찮다고
괴물 될 필요 없다고
누군가 토닥여 주길 원하는
너울

도망가자

도망가자
여린 네가 있기엔
너무 거친 이 세상으로부터

도망가자
정 많은 네가 있기엔
너무 각박한 이 세상으로부터

도망가자
너를 사랑하는 나를 위해
나를 사랑하는 너를 위해

흔한 말

만남이 있다면
헤어짐도 있다는
그런 흔한 말

헤어짐이 있다면
만남도 있다는
그런 흔한 말

믿고 싶지 않으면서도
믿고 싶은
그런 흔한 말

마침표

오늘 마침표를 찍기엔
내가 너를 사랑해서

오늘 마침표를 찍기엔
네가 너무 예뻐서

오늘 마침표를 찍기엔
날씨가 너무 맑아서

오늘 마침표를 찍는 이유는
우리에게 더 이상 사랑이 없어서

괜찮아

괜찮지 못한 너에게
괜찮아
당장 괜찮지 못해도
곧 괜찮아질 거야
괜찮아질 거라 믿어 의심치 않아

소나무

우뚝 서 있던 소나무가
올곧게 뻗어 있던 소나무가
남들보다 뛰어났던 소나무가
사람에 의해 쉽사리 꺾였다
사랑에 의해 쉽사리 꺾였다

사랑의 회복

오해와 갈등 속에서 멀어진 두 사람
사랑의 힘은 너무 강력해서
함께했던 기억의 조각을 맞추며
새로이 기억을 만들어간다

사랑은 완벽하지 않아도
그 속에서 성장할 수 있음을
우리는 그것을 사랑의 회복이라 한다

밤바다

이상하게도 밤바다는 슬픕니다
짙은 어둠 속에서 들리는 파도 소리

이상하게도 밤바다는 슬픕니다
고요한 어둠 속에서 홀로 바쁜 바다

이상하게도 난 그런 밤바다를 좋아합니다

마음

사람의 마음이 가장 어렵다
내 마음이 어떤지도 모르는데
남의 마음도 살펴야 되고
남의 마음은 눈에 잘 띄지 않는다

마음이란 건 너무 추상적이지 않은가
역시 사람의 마음은 어렵다

과정

아무렇지도 않은 상태에서
널 사랑하는 과정을 겪고

널 사랑하는 상태에서
너와 이별하는 과정을 겪고

너와 이별하는 상태에서
아픔을 이겨내는 과정을 겪는다

애증

네가 너무 좋은데 싫다
네가 너무 좋아서 싫다

네가 너무 싫은데 좋다
네가 너무 싫어서 좋다

슬픔의 무게

슬픔의 무게는 누군가에게 너무 무거워서,
슬픔의 무게는 누군가에게 너무 가벼워서,
슬픔의 무게는 잴 수 없다

누가 슬픔의 무게를 재려든
말해라
슬픔의 무게는 모두에게 다르다고

현실

나는 지금 너무 아픈데
나는 지금 전혀 괜찮지 않은데
나는 지금 아무 것도 할 수 없는데
아무도 내 아픔은 알아주지 않고
현실 속으로 돌아가야 하는 현실이
버겁기만 하다

사랑의 정의

사랑의 정의는 무엇일까
사랑을 정의할 수 있을까

음, 아마도
내 사랑의 정의는 너

믿음

다시 누군갈 믿을 수 있을까
아니, 없을 것 같다

내가 굳게 믿던 믿음은
한순간에 재가 되어 버렸다

내 믿음은 존재하지 않는다
믿음은 나에게 존재하지 않는다

학창 시절

아무것도 모르는 아이일 때
빨리 어른이 되고 싶다고 생각했다

학교란 공간이 답답했고
사회로 나가고 싶었다

학교가 작은 사회인 걸 깨달았을 때
평생 학생이고 싶어졌다

나를 지켜주는 학교가 너무 좋았고
큰 사회로 나가는 것은 너무 두려웠다

편지

인사말로 시작하는 글
마음이 담긴 글
담기고 담겨 넘쳐흐를 때까지
내 감정을 모두 담은 글

성장

과거의 아픈 기억이여,
이젠 거름이 되어
내가 성장할 수 있도록

실수투성이였던 기억이여,
이젠 거름이 되어
내가 성장할 수 있도록

짝사랑

흐린 날, 당신의 미소를 보며,
가슴 깊이 숨겨둔 마음이 떨려 온다
눈길 한 번, 그저 스쳐 지나가도
내 하루는 당신으로 물든다

따스한 말 한마디, 차가운 바람 속에,
나는 당신의 온기를 찾는다
알지 못하는, 혹은 알면서도 모르는
당신의 그 무심한 눈빛

바라볼 수밖에 없는 이 마음,
어쩌면 영원히 닿지 못할 거리
그리움 속에 피어나는 꽃
혼자만의 봄을 꿈꾼다

여름의 끝자락

뜨거웠던 햇살은
점차 부드러워지고

매미의 울음소리는
이제 희미해지고

마지막으로 느껴지는 따스함
여름의 끝자락
가을의 문턱을 살며시 열어준다

청춘

끝없는 가능성,
무한한 열정,
청춘의 날개를 펼친다

실패도 두렵지 않은,
도전의 기쁨을 아는,
우리는 꿈을 꾼다

친구들과의 웃음
청춘은 바람
한 번 지나가면 돌아오지 않는,
빛나는 순간들
영원히 우리를 비추길

이별을 선택한 이유

당신은 날 사랑했나요
당신의 두 눈이 말해줍니다
이제는 사랑하지 않는다고

저는 당신께 사랑하냐고 물었습니다
당신은 회피하더군요
이제는 제 선택에 달려있답니다

저는 아직 당신을 사랑하지만
제 선택은 이별입니다
내가 당신을 사랑해도
당신이 나를 사랑하지 않는다면
우리의 사랑은 의미 없기 때문이죠

경계선

중학생과 고등학생 그 중간
혼란의 바닷속에서 떠도는 나
감정의 파도에 휘말리며
자아는 흔들리고
상처는 깊어만 간다

충돌의 소용돌이에서
나를 잃어버리고
꿈은 파편이 된다
무의미한 고통 속에서
나는 또 다른 나를 찾는다

내가 찾는 빛은 언제나 멀리
경계선 위에서

잘 지내

잘 지내
이 말을 하기까지
참 오래도 걸렸어
그건 내가 잘 못 지낸 탓이야
이젠 잘 지내보려는 탓이고

그러니 너도 꼭 잘 지내

안녕

사랑의 종착역 앞에서
우리의 시간은 멈췄다
뜨거운 여름날의 기억도
이젠 차가운 바람 속에 흩어져

손끝에 닿던 너의 온기
이제는 추억 속의 그림자
언젠가 다시 만날 그날까지
안녕

사탕

사랑은 사탕
너무 달콤해서 입에 물고 있었더니
결국 입안이 다 헐어버린 그런 사랑

자연

푸른 하늘, 구름은 흘러
바람은 나뭇잎 사이를 스치고
햇살은 잔잔한 호수를 비추어
자연의 노래가 흐른다

부드러운 바람, 강물의 소리
자연의 숨결을 느끼며
매일의 작은 고민을 내려놓는다

계절의 변화

봄이 오면 꽃잎은 피어나고
새싹들은 땅을 뚫고
빛을 향해 손을 뻗는다

여름이 오면 태양은 강렬하고
뜨거운 열기 속에서
삶은 활기를 띤다

가을이 오면 잎사귀는 붉게 물들고
수확의 계절 속에서
열매는 무르익는다

겨울이 오면 눈송이는 춤추고
휴식의 시간은
다시 올 봄을 기다린다

파란 하늘

파란 하늘은 끝없는 가능성을 약속하며,
한없이 넓게 펼쳐있고

파란 하늘 속에서,
우리의 소망은 자유롭게 난다

파란 하늘은 작은 걱정들을 가져가며,
변하지 않을 것이고

파란 하늘은 항상 거기 있어,
우리의 다가올 내일을 조용히 응원한다

떠나간 이에게

가슴이 미어지는 이유

그때 생각에
가슴이 미어집니다

그대 생각에
가슴이 미워집니다

그때 왜 그리 서툴렀을까
그대 왜 그리 차가웠을까

오늘도 난, 그때와 그대를 생각하며
가슴이 미어지고
가슴이 미워집니다

결국 모든 건 이별의 탓이겠죠

감정, 기억, 추억, 당신

감정은 흐릿해지고
기억은 왜곡됩니다

추억은 바래지고
당신은 사라졌어요

그러나 잊고 싶지 않습니다
잊히고 싶지 않습니다

감정, 기억, 추억, 당신
모두 기억하겠습니다

부디 당신도 저를 기억해주시길

알지만 묻는 이유

눈물이 흐르면
다시금 나를 걱정하러 와줄래요?

당신이 너무 보고 싶어 흐르는 눈물을
당신이 닦아줄래요?

당신 생각에 아린 가슴을
당신이 어루만져 줄래요?

당신은 늘 대답 없다는 걸 압니다
그럼에도 혹시 모르니까요

이별 앞에서

우리의 시간이 바람처럼 흘러가
결국 이 자리에 머물렀어요

다정했던 눈빛
따스했던 말들
그 모든 것이 천천히 흘러가는 지금

붙잡으려 해도
시간은 모래처럼 스르르 빠져나가고
남겨진 건 마음속 어딘가에 웅크린 빈자리뿐

이별이란 말이
목 끝에 걸려 넘어오지 않지만
당신과 나누었던 날들은
늘 내 안에서 빛날 거예요

떠나는 길이 아프지 않길
남은 날들이 부디 평온하길
이 길 끝에서 당신을 보내요

언젠가 만나게 될 거야

돌고 돌아 다시 만나는
그런 인연이 존재한다

너와 나도 그런 인연일까
다시 만나기 위해 돌고 있는 걸까

물음표가 하나 둘 생길 때 쯤
누군가 내게 말했다
"언젠간 만나게 될 거야"

한 번 더 믿어 보기로 했다

다시 한번 이 책을 세상에 내보냅니다.

<열일곱의 편지>는 제가 지나온 시간과 마음을 담아낸 기록입니다. 그렇게 조심스레 꺼내 놓았던 이야기들이 다시 한번 새로운 모습으로 독자분들을 만날 수 있다는 게 신기하면서 기쁩니다.

시간이 흘러도 변하지 않는 것들이 있듯이 그 시절의 솔직한 마음이 지금도 누군가의 마음을 두드릴 수 있기를 바라며, 함께해 주셔서 감사드립니다.

끝으로 부족한 글을 여기까지 읽어주신 분들께 감사를 표합니다.

- 열일곱의 감정을 담은 시집을 열여덟에 재출간 하며.